LES
ŒUVRES MILITAIRES

DEVANT LA LOI

Rapport présenté à l'Assemblée générale
du Congrès des Catholiques de l'Ouest à Nantes
le 28 novembre 1890

PAR

Maurice BONNET

Industriel au Longeron (Maine-et-Loire)

ANGERS

LIBRAIRIE HENRY BRIAND

RUE SAINT-LAUD

1891

LES
ŒUVRES MILITAIRES
DEVANT LA LOI

Rapport présenté à l'Assemblée générale
du Congrès des Catholiques de l'Ouest à Nantes
le 28 novembre 1890

PAR

Maurice BONNET
Industriel au Longeron (Maine-et-Loire)

ANGERS
LIBRAIRIE HENRY BRIAND
RUE SAINT-LAUD
—
1891

LES
ŒUVRES MILITAIRES
DEVANT LA LOI

Monseigneur (1),
Mesdames, Messieurs,

En ce moment, où pour des raisons que je laisse à d'autres le soin d'apprécier comme il convient, le nombre des soldats, dans notre pays, est plus considérable que jamais, au lendemain même de l'entrée des séminaristes à la caserne, la question des *Œuvres militaires* arrive bien à son heure et me semble tout à fait à l'ordre du jour dans un Congrès catholique. Laissant de côté le point de vue de l'utilité, de la nécessité de cette entreprise éminemment patriotique et religieuse, je viens dans une simple causerie étudier avec vous, sans prétention, l'existence de cette *Œuvre rigoureusement et officiellement légale*, rechercher avec vous, à ce point de vue, les textes de la loi régissant notre organisation militaire.

Présenter cette thèse devant une assemblée d'élite où la religion et la patrie se plaisent à trouver leurs appuis les plus autorisés et leurs défenseurs les plus éminents, est un honneur que ma jeunesse et mon inexpérience

---

(1) Mgr Lecoq, évêque de Nantes.

redoutent avec raison, et auquel mes occupations professionnelles m'ont bien peu préparé. Le tableau que je vous apporte, Messieurs, n'a point ces couleurs vives qui séduisent, et n'est qu'un simple croquis, une modeste esquisse de traits glanés sans bruit dans le champ du père de famille. Mes paroles même peuvent vous sembler froides et décolorées, mais, dit Lacordaire : « quand au « soir de l'automne, les feuilles tombent et gisent à « terre, plus d'un regard et plus d'une main les cherchent « encore, et le vent peut les emporter et en préparer « une couche à quelque pauvre dont la Providence se « souvient du haut du ciel. »

Laissez-moi espérer, Messieurs, que la bienveillance de l'auditoire suppléera aux qualités de l'orateur improvisé qui, à défaut de toute autre éloquence, a du moins la conscience de beaucoup aimer les œuvres militaires, de les croire inspirées, autorisées, fondées même par la loi, et d'essayer dans ces pages de vous en donner le témoignage.

MONSEIGNEUR,

Ceux qui savent avec quelle élévation de parole et de pensée vous avez toujours encouragé la foi du soldat, quelle idée vous avez conçue du rôle humble et sublime de l'aumônier militaire, m'estimeront heureux de placer mon étude sous le patronage de Votre Grandeur. Je suis personnellement heureux, Monseigneur, de vous dédier ces quelques pages, et de les soumettre à votre haute approbation. Si Votre Grandeur daigne les agréer, mon modeste hommage ne peut être plus hautement encouragé, plus paternellement accueilli.

— 5 —

I

Deux cent mille familles sont en ce moment dans l'émotion : leurs enfants viennent de partir pour l'armée ! Le plus grand nombre de ces jeunes conscrits est de la campagne : ils n'ont guère vu que la petite ville du voisinage, et voici que leur feuille de route les envoie au loin, et leur fait sillonner la France en marchant vers l'inconnu de la vie de garnison ! Chaque année, l'époque du départ de la classe voit se renouveler cette situation émouvante sur tout le territoire français et dans tout le continent européen. — Quel va être le sort religieux de tous ces conscrits de l'Europe ? En France, vont-ils trouver comme dans les nations voisines, des anges tutélaires protégeant leur foi et leur moralité, loin du foyer paternel ? — Rassurez-vous, parents chrétiens : en France, comme partout ailleurs, il y a une aumônerie bienfaisante : elle était volontaire avant 1874, officielle depuis 1874 jusqu'en 1880 ; elle est redevenue volontaire aujourd'hui, mais avec un caractère de plus qu'en 1874, je veux dire avec la sanction même de la loi du 8 juillet 1880, l'établissant sur des bases inébranlables, en la nommant l'*Œuvre militaire paroissiale*.

Je n'ai pas à examiner ici les desseins des promoteurs de la loi du 8 juillet 1880 qui supprime l'aumônerie à l'intérieur des casernes : il me suffit de voir, à la lecture des débats parlementaires de cette époque, qu'on ait reconnu publiquement les mérites des aumôniers militaires, les législateurs ayant donné la preuve authentique de leur estime pour eux, en statuant dans le texte même de la loi :
— « Article 3 — que dans le cas de mobilisation, on ferait

« officiellement appel à leur dévouement patriotique pour
« accompagner nos armées en campagne. »

Mais demandons aux législateurs s'ils ont voulu, en
excluant le prêtre de la caserne, empêcher le soldat d'aller
le trouver à la paroisse ? Évidemment non, puisque l'article 2 de la même loi renvoie les soldats aux églises paroissiales pour l'accomplissement de leurs devoirs religieux,
puisque l'article 70 de la loi de 1872 est maintenu en
vigueur sous le numéro 85 de la loi du 8 juin 1880, puisque
les circulaires ministérielles du 22 avril 1873, 19 juillet 1875,
17 mai 1881, constituent aujourd'hui la *charte de la liberté
de conscience dans l'armée.* — Laissez-moi, Messieurs,
retenir un instant votre attention sur ce mot.

Au nombre des libertés dont s'honore à juste titre tout
individu, il faut placer en première ligne la *liberté de
conscience*, principe et source de toutes les autres. La loi
militaire, bien que n'étant pas faite malheureusement au
point de vue de la sauvegarde complète de cette liberté, a
du moins la prétention de la reconnaître d'une façon bien
nette et bien établie. Voici le texte de la loi du 8 juillet 1880,
tel que l'a présenté M. le Rapporteur.

« *La caserne*, dit-il, *fait partie d'une paroisse.* Dans les
« villes de garnison, il y a des églises où les paroissiens
« militaires de toutes armes ont les moyens et la facilité
« de remplir les devoirs de leur culte. Les ministres de la
« guerre et de la marine assurent par des règlements, aux
« militaires de toutes armes, le temps et la liberté néces-
« saires à l'accomplissement de leurs devoirs religieux.
« Dans la semaine, si des permissions sont nécessaires à
« quelques-uns pour la pratique de leur religion, le colonel
« les accorde dans des proportions aussi larges que le
« permettent les exigences du service. Le gouvernement
« s'engage à ce que les prescriptions de la loi nouvelle
« soient exécutées. »

Le rapporteur de la Commission appelle ce texte la *charte de la liberté de conscience dans l'armée*. — Or, remarquez-le bien, Messieurs, ce texte de loi n'a jamais été rapporté, mais seulement sanctionné, complété même par cet autre de la loi du 16 juillet 1889, y faisant allusion en ces termes : « Un règlement ministériel ayant force de loi assure la « liberté de conscience à tous les militaires. » L'armée, en effet, n'est pas du tout une école d'incrédulité, comme on pourrait le croire : « Lorsque j'y suis entré, a dit M. le « général de Cissey, quiconque remplissait son devoir était « bafoué. Aujourd'hui, la liberté religieuse est complète- « ment respectée de tous, et il n'y a pas plus d'irréligion « que d'indiscipline dans l'armée. Quiconque a vécu comme « nous, aime à se persuader qu'il ne mourra pas comme « un chien sur un champ de bataille ! »

On ne peut pas citer une seule parole prononcée dans le Parlement contre le droit, d'ailleurs imprescriptible, de la liberté de conscience dans l'armée.

Le soldat, suivant la belle expression de Lacordaire, « sacrifie sa vie pour une heure de gloire dans un jour « d'enthousiasme. » Ce serait en vérité faire injure au bon sens du soldat de croire son sacrifice inspiré par un autre sentiment que celui d'une vie meilleure, d'une récom- pense future. Il n'y a pas de soldats sans convictions reli- gieuses, vous le savez très bien. « Quand on porte Dieu « dans son cœur, disait le général de Sonis, on ne capitule « jamais ! » Je n'ai pas à rappeler ici dans cette enceinte, à l'appui de ma thèse, que les plus beaux faits d'armes de notre dernière guerre ont toujours été accomplis par ceux de toute l'armée française qui croyaient davantage à Dieu et à l'éternité. Mais vous avez sous les yeux, Messieurs, une preuve bien vivante et bien belle de ce que j'avance. Je suis assuré de me faire ici l'écho de vos cœurs recon- naissants, en vous demandant de rendre encore une fois hommage au courage militaire de notre honorable président (1), du valeureux chrétien dont l'éloge n'est plus à faire, mais dont les nobles exemples restent toujours offerts à l'admiration et à l'imitation de la jeunesse française ! — A cette heure, où il est sans cesse question de la revanche, où nos regards attristés se tournent continuellement vers l'Alsace et la Lorraine, ah ! dites-moi, Messieurs, n'est-ce pas faire œuvre du plus pur patriotisme que de chercher à procurer aux soldats le moyen d'entretenir sous les drapeaux les croyances religieuses de leur enfance, de les préserver de la corruption de l'âme et du corps, en un mot de les rendre invincibles par les espérances d'une vie meilleure et la satisfaction du devoir chrétiennement et héroïquement accompli ? C'est ainsi que le chemin de l'Église, le chemin qui conduit les soldats au prêtre, est pour eux, pour la France tout entière, en quelque sorte comme le chemin de l'Alsace !

J'ai maintenant à vous montrer comment la loi actuelle ouvre ce chemin de l'Église au soldat, en d'autres termes comment s'établit, *d'une façon absolument légale, l'Œuvre militaire paroissiale.*

II

La loi du 16 juillet 1889 ne met aucun obstacle au fonctionnement de l'aumônerie militaire ; la déclaration officielle des législateurs en fait foi. Si mon affirmation cause quelque étonnement, je l'appuie sur les paroles mêmes du législateur de cette loi militaire organique sous le régime

---

(1) M. de Cazenove de Pradine, député de la Loire-Inférieure, président du Congrès catholique.

de laquelle va servir aujourd'hui toute la jeunesse française sans exception.

Nous trouvons, en effet, au *Journal Officiel* du 21 janvier 1889, les paroles suivantes de M. le rapporteur, s'adressant aux membres du Parlement : « Est-ce que vous croyez, « Messieurs, dit-il, la liberté de conscience menacée ? Pas « le moins du monde. Nous savons très bien que non seu- « lement les soldats assistent à la messe quand ils le « désirent, mais que dans certaines villes on a créé des « cercles catholiques et fait des conférences catholiques « pour les soldats recrutés à la caserne. Personne ne les « gêne à ce point de vue ; j'ajoute, continue-t-il, qu'aucun « abus d'autorité n'est à craindre tant que nous détien- « drons le pouvoir, car ce n'est pas au gouvernement « républicain qu'on peut reprocher de porter atteinte à la « liberté de conscience ! » — Le *Journal Officiel* constate que ces paroles furent accueillies par l'approbation de la gauche en même temps que par des protestations de la droite. Je me hâte d'ajouter, Messieurs, que si on peut contester l'exactitude absolue de l'assertion de M. le rapporteur, la Commission et le gouvernement ayant accepté avec la gauche son affirmation, il y a donc lieu de prendre acte de cette jurisprudence concernant l'*Œuvre militaire paroissiale*, de la regarder comme une conséquence incontestée de la loi, et d'en venir partout à sa réalisation pratique, *la loi de 1889 ne modifiant donc en rien la charte de la liberté de conscience dans l'armée, reconnue par la loi de 1880.* Pas une voix n'a donc contesté le droit du soldat à remplir les devoirs de sa religion. Personne dans le Parlement n'a prétendu retrancher l'obligation faite aux chefs de l'armée d'assurer à leurs soldats le temps et la liberté nécessaires à l'accomplissement des devoirs religieux.

Enfin la voix autorisée de M. le général Deffis, rapporteur de la Commission au Sénat, a proclamé que « les « revues sont supprimées les dimanches et jours de fête, « afin de laisser à nos soldats une entière liberté de les « employer selon la voix de leur conscience ». Je n'ignore pas que les revues générales ainsi supprimées sont souvent remplacées par les revues de détail, mais les autorités militaires ne refuseraient presque jamais de se conformer à l'esprit du règlement, si la demande leur en était adressée par l'autorité ecclésiastique d'une *manière formelle et effective*. Les chefs militaires ne mettent pas en oubli l'article 180 du règlement du 28 décembre 1883 sur le « *service intérieur* », dans lequel on lit ces mots : « Le caporal de « chambrée doit réprimer tout ce qui se dit et se fait contre « le bon ordre et la morale parmi les soldats. » J'ajouterai que les circulaires ministérielles et celles toutes récentes des chefs de corps, viennent donner une nouvelle sanction à cet article du règlement et montrent de quelle autorité ceux-ci sont armés pour la défense et le respect de la morale et de la religion chez leurs subordonnés militaires. — J'arrive à la *création légale de l'Œuvre*.

Chaque diocèse ayant une partie de sa jeunesse chrétienne au service militaire dans les casernements d'autres diocèses, est intéressé à la conservation de la foi et des mœurs de ses enfants. Tous les diocèses peuvent donc se prêter un mutuel appui pour la *création légale* d'une *Œuvre paroissiale militaire* dans chaque ville de garnison. Cette *institution est absolument légale*, en vertu de l'article 2 *de la loi du 8 juillet 1880 non abrogée, qui renvoie à l'église paroissiale les soldats de toute garnison non éloignée de plus de trois kilomètres d'une église.*

De fait, l'*Œuvre paroissiale militaire* est fondée et elle fonctionne selon la loi de 1880, auprès de plusieurs casernements en France. Elle peut, dans les mêmes conditions légales, être fondée et fonctionner dans le voisinage de toutes les casernes de France. Le prêtre de paroisse qui se charge de cette œuvre, devient l'*aumônier volontaire* des soldats : il est nommé par l'évêque et a tout intérêt à s'entendre avec l'autorité militaire pour assurer aux soldats, conformément aux règlements, le service religieux en dehors de la caserne. Ce prêtre volontaire peut rester chargé de sa paroisse, ou, si les circonstances le permettent, se consacrer au service exclusif de la garnison, toujours avec le consentement de son évêque. *L'autorité civile*, remarquons-le en passant, *n'a aucun droit de s'opposer à l'Œuvre militaire paroissiale* : on pourrait citer à ce sujet tel cas de conflit entre les deux autorités militaire et civile, dont la solution a été tout à l'avantage de la garnison et de son *aumônier volontaire*.

Le soldat a donc l'assurance d'observer le règlement militaire en allant aux réunions organisées par l'aumônier, passer son temps libre. Une maison de famille pour le soldat peut être créée et entretenue par les soins d'un Comité militaire diocésain, à proximité et à l'usage des garnisons, dans les différentes villes. La loi — remarquons-le bien — la loi n'y met aucune opposition. Au contraire, peut-on dire, elle peut-être invoquée en faveur de ce genre d'œuvre militaire, puisqu'elle donne expressément aux soldats le droit d'aller trouver les ministres de leur culte, dans les églises et dans les temples. Car, si la loi ne spécifie pas les synagogues et les mosquées comme lieux de religion, qu'elle confère le droit de fréquenter, peut-on conclure que les soldats juifs n'ont pas le droit d'aller dans leurs synagogues, et les musulmans dans leurs mosquées? Ou bien les connexes des églises, des temples, des synagogues et des mosquées, c'est-à-dire tels ou tels établissements honnêtes, créés pour contribuer, comme en sous-œuvre, à la conservation des bonnes mœurs du soldat, seront-ils considérés comme prohibés par la loi ? Pourrait-on croire que des généraux, des colonels, des chefs militaires, voudraient tolérer les mauvais lieux et interdire les bons? Un jour, on vit un chef militaire, sans se rendre compte de la loi, interdire à des soldats la fréquentation d'une Aumônerie volontaire, mais des réflexions analogues à celles-ci, accompagnées des textes de loi énoncés plus haut, furent soumises à l'attention de ce chef militaire, et cette aumônerie volontaire fonctionne aujourd'hui comme auparavant.

Tout prêtre chargé par son évêque de l'Œuvre du soldat, soit dans la paroisse même, soit à côté de la paroisse, et se présentant dans cette condition à l'autorité militaire, en recevra bon accueil. — Conformément au décret de la loi du 8 juin 1880, qui demeure toujours en vigueur sous la nouvelle loi du 16 juillet 1889, il obtiendra les permissions nécessaires aux soldats pour leur faciliter l'accomplissement de leurs devoirs religieux. — Il est vraiment regrettable que cette doctrine ait peine à prévaloir sur celle de faire l'Œuvre du soldat, pour ainsi dire, *dans l'ombre. La clandestinité d'une œuvre militaire la met dans une fausse position.* Si l'on doit rencontrer des difficultés, il vaut mieux que ce soit avant de commencer l'œuvre. Mais, en vérité, dit M. l'aumônier militaire de Vincennes, M. l'abbé de Laval, rédacteur de la *France militaire et religieuse,* « mais, en vérité, la loi de 1880 en renvoyant les « soldats aux paroisses pour l'accomplissement de leurs « devoirs religieux, autorise en bonne logique l'œuvre « du soldat avec tous ses accessoires de fonctionnement, « et nous ne voyons absolument pas pourquoi l'on éviterait « de se concerter avec l'autorité militaire pour organiser « *ouvertement,* dans toutes les régions, des *Œuvres parois-* « *siales militaires, selon la loi du 8 juin 1880.* »

Selon le texte de la loi, les soldats ont dans les paroisses les mêmes droits que les autres paroissiens. Or, ces derniers ont droit à remplir leurs devoirs religieux dans les églises et dans les établissements du diocèse approuvés par l'autorité ecclésiastique et le droit d'aller au domicile de tous les prêtres du diocèse. C'est éclatant de vérité !

Ainsi je crois avoir appuyé la thèse de l'*organisation légale des œuvres militaires paroissiales* sur des textes de loi bien clairs et bien nettement établis. Il me reste à tirer les conclusions en formant le vœu de l'extension sans cesse croissante de cette œuvre du soldat.

III

La reconnaissance officielle des œuvres paroissiales militaires est la conséquence logique, irréfragable de la délibération législative du 21 janvier 1889, et de la délibération sénatoriale du 29 mai de la même année. De ces deux délibérations est sortie la nouvelle loi militaire promulguée le 16 juillet dernier, et dont l'application est mise en vigueur aujourd'hui. Il faut remarquer ici que la loi de 1889 ne contient aucun article reconnaissant d'une manière spéciale les œuvres militaires paroissiales, mais seulement la mention dans les délibérations du maintien des articles de la loi du 8 juin 1880, concernant la liberté de conscience et la reconnaissance des aumôniers volontaires dans l'armée française. *Les législateurs ont en effet déclaré à l'unanimité et à plusieurs reprises dans les deux Chambres,* « *que* « *le scrutin de leurs délibérations ne touchait pas au prin-* « *cipe de la liberté de conscience dans l'armée, ni encore à* « *l'usage connu de ce principe dans certaines villes de garni-* « *son.* En résumé, *la loi actuelle reconnaît la liberté de cons-* « *cience,* elle range les soldats parmi les *membres de la pa-* « *roisse desservant la caserne à moins de trois kilomètres* ».

Les soldats sont donc légalement des paroissiens comme les autres. Il en résulte un droit absolument légal en raison duquel un soldat, vingt soldats, cent soldats peuvent, au sortir de la caserne, en leur temps libre, aller non seulement à l'église, mais encore au domicile du ministre de leur culte. Osera-t-on dire que la liberté de conscience du soldat ne puisse s'exercer qu'à l'église ? Lui est-il défendu d'assister à une conférence, à une allocution, à une réunion morale, chez un prêtre approuvé par l'évêque diocésain ? Lorsqu'il n'est pas retenu par son service, qui peut l'empêcher d'aller, quand bon lui semble, passer quelques instants chez le ministre de son culte, s'entretenir avec lui de ses intérêts les plus chers et les plus sacrés ? Voilà l'Œuvre militaire en dehors de la caserne et selon la loi de 1880 et 1889. La conclusion péremptoire n'est-elle pas que l'*existence des Œuvres militaires est libre partout* dans les mêmes conditions ? N'est-ce pas là un résultat suffisant pour déterminer les hommes d'action et de cœur à faire pour l'Œuvre du soldat les mêmes sacrifices qu'ils font pour tant d'œuvres moralisatrices de la jeunesse française ?

Les évêques qui sont proposés par Dieu même au gouvernement spirituel des diocèses ont le droit divin de pourvoir aux besoins religieux de tous leurs diocésains, quelle que soit leur condition. A ce *droit sacré*, la loi militaire actuelle a ajouté le *droit légal* de procurer à leurs diocésains soldats le nombre d'*aumôneries paroissiales militaires* qu'ils peuvent juger nécessaire pour suffire aux besoins religieux des garnisons. Nul secours matériel de la part du ministère de la guerre, mais aussi nul obstacle de la part des autorités militaires, voilà le sens et l'esprit de la législation militaire actuelle. Cette jurisprudence de l'Œuvre militaire a été authentiquement enseignée dans un discours communiqué préalablement à M. le ministre

actuel de la guerre par M. l'abbé de Laval, l'aumônier de
Vincennes dont le dévouement au soldat fait époque dans
les annales militaires de ces dernières années. « C'est,
« dit-il, la consécration légale de l'union de l'épée avec la
« croix. Nos législateurs, en effet, ont déclaré hautement
« que la caserne est une maison et le soldat un paroissien
« comme les autres. En sorte que les lois réglant les droits
« des cultes, leurs ministres et leurs communiants, doivent
« s'appliquer aux œuvres paroissiales destinées à la con-
« servation des pratiques religieuses et morales du soldat,
« comme à celles de la jeunesse et des œuvres ouvrières
« quelconques, fondées et fonctionnant sous la surveillance
« et la protection des lois françaises. » En réponse à l'en-
voi du discours contenant ces paroles, M. de Freycinet a
fait écrire par M. le général Brault, chef de son cabinet,
une lettre de remerciement et de félicitation à l'auteur du
patriotique discours.

Chaque diocèse doit donc pourvoir à *l'organisation légale
des œuvres militaires*. On peut différer de vues sur le mode
et les moyens d'action, seulement il faut arriver au but en
servant efficacement les besoins religieux des casernes par
l'établissement, à leur proximité, d'une *Œuvre militaire
paroissiale*. L'Œuvre militaire diffère essentiellement de
ce qui est cercle ou association : il n'y a ni règlement, ni
cotisation, ni affichage ou inscription pour les membres
titulaires ou honoraires. Tous les militaires, MM. les offi-
ciers eux-mêmes peuvent venir au domicile de l'aumônier
volontaire; nulle exclusion. Des lois spéciales régissent le
cercle et l'association. L'Œuvre paroissiale militaire est de
la nature de ces œuvres régies par la législation des cultes,
qui n'exclut pas, qui invoque même le concours protecteur
des lois d'ordre public et de liberté domiciliaire.

Toutefois, Messieurs, n'allez pas croire en me voyant
interpréter ainsi la loi militaire en faveur des libertés reli-

gieuses, que je vous en fasse l'apologie ! J'ai dit en commençant ce rapport que je ne ferais pas la critique de cette loi pour des raisons d'incompétence ; il ne m'appartient certes pas davantage de vous en faire l'éloge, ayant pour cela d'autres raisons d'un ordre supérieur et absolu. Si les opinions de plusieurs hommes de guerre illustres ne sont pas favorables à cette levée en masse dont le nombre rendra bien difficile la cohésion et l'ensemble nécessaires à l'unité de commandement, ma conscience de chrétien n'approuvera jamais une loi qui arrache les séminaristes du sanctuaire pour les envoyer à la caserne. C'est vous dire, Messieurs, que si nous devons regretter une pareille loi, nous devons, pour atténuer le mal, nous servir de sa garantie donnée à la liberté de conscience, en établissant nos œuvres militaires. Servons-nous donc, dans cette circonstance, des armes que nous laissent encore nos adversaires, sachons utiliser ces restes, ces tronçons de liberté laissés aux catholiques pour le bien de l'Église, avec la conviction d'assurer aussi le bien de la France.

L'établissement, qui va heureusement sans cesse grandissant, de cette belle Œuvre du soldat n'est pas sans attirer la jalousie haineuse des sectaires. Mais personne ne faiblira sous l'insulte et la raillerie parties de trop bas pour atteindre le catholique fort de son droit et de sa conscience. La mauvaise presse, les feuilles impies continueront à pénétrer dans les casernes pour calomnier, diffamer le prêtre devenu l'aumônier volontaire du soldat. Des journalistes éhontés ne trouveront pas assez de boue à ramasser pour lui jeter à la face. Celui-ci n'en continuera pas moins sa divine mission : à l'instar du Christ son maître, il passera en faisant le bien. Attaché au pilori des haines publiques ou sous la fusillade des bourreaux, il trouvera toujours dans son cœur la prière du Christ son divin Chef : « Mon Père, pardonnez-leur ! » — Le prêtre, en effet, partage avec le soldat la défense d'une cause commune : tous les deux sont unis par des liens qu'explique seule une communauté providentielle de sentiments qui les désigne l'un à l'autre comme des instruments indispensables à la réalisation des desseins de Dieu sur l'humanité. Ils sont en contact continuel, ils rivalisent de zèle, de dévouement, d'abnégation, d'héroïsme. Le prêtre a vite gagné le cœur du soldat ; il lui sert d'intermédiaire non seulement avec Dieu, mais avec sa famille, et reçoit de lui, en échange de ses bons offices, sa confiance entière, l'abandon de son âme qu'il console et fortifie dans les épreuves de chaque jour. Le prêtre sait bien que si les mères laissent partir leurs fils à la caserne (j'en appelle ici à toutes les mères de soldats), elles n'envoient que leurs *corps* et elles gardent leurs *âmes* pour les confier à son ministère de paix et de charité. Le soldat, en retour, s'adresse au prêtre, à l'aumônier comme à l'ami de son enfance et au consolateur de sa mère.

N'oublions pas, Messieurs, ces paroles caractéristiques de Mgr de Ségur : « Si le bien qui se fait dans les écoles « catholiques, dans les cercles et dans toutes les œuvres « de jeunes gens, n'est pas continué dans l'armée, alors « l'armée sera le *tombeau de toutes les œuvres catholiques.* »

Il n'y a pas d'hésitation possible quand il s'agit de travailler pour Dieu et pour la patrie. La patrie! Messieurs, oui, la patrie, notre bien commun, notre commune mère à tous : elle a droit aux efforts de tous ses enfants pour la conserver et la défendre. La patrie! cette glorieuse mutilée que nous devons d'autant plus chérir qu'elle a été plus malheureuse, nous la servirons très efficacement, très utilement, en développant le service religieux dans l'armée.

« Si vous ôtez aux troupes, a dit M. le général du Barrail, « si vous ôtez aux hommes de guerre la croyance à une « autre vie, vous n'avez pas le droit d'exiger d'eux le « sacrifice de leur existence. »

Je ne connais pas de plus beau modèle, de plus belle figure de guerrier à offrir au soldat français que celle du grand empereur Charlemagne, l'illustre tenant de nos gloires les plus pures, de nos conquêtes nationales et religieuses. Montrons au soldat français le vaillant conquérant mettant un genou en terre avec ses chevaliers, et s'écriant avant la bataille :

> « Prions : j'ai vu toujours dans ma rude carrière,
> « Que l'arme la meilleure est encore la prière ! »

A l'œuvre donc et sans peur ! Aujourd'hui, hélas ! on calcule trop bien, on se meurt de prudence ! N'oublions pas dans la question des *Œuvres paroissiales militaires* que, si nous avons le devoir de les encourager, **nous avons le droit absolument légal de les fonder.**

« La France, disait l'éminent cardinal Pie, se relèvera « chrétienne ou ne se relèvera pas ! » Messieurs, nous la relèverons, car nous rendrons chrétiens ces jeunes soldats qui portent en eux les riches promesses de l'avenir. Nous avons le droit pour nous : sachons donc relever fièrement la tête, nous sommes les enfants d'une Église qui a fait la France grande, heureuse et prospère. N'ayons pas peur des attaques de ses ennemis, serrons-nous autour d'elle comme autour de notre mère : l'Église n'a jamais craint la persécution, elle est comme une enclume immortelle où viennent s'user tous les marteaux de ses ennemis ! Marchons en avant, en nous écriant avec l'un de nos devanciers : « Nous « sommes les fils des Croisés, et nous ne reculerons jamais « devant les fils de Voltaire ! »

Je m'arrête, Messieurs : je m'aperçois que j'abuse d'une attention trop bienveillante. Je trouve mon excuse dans l'objet même de mon étude. Je savais pouvoir compter sur votre indulgente attention en vous parlant au nom de Dieu, au nom de la France, au nom de l'Armée, trois mots qui n'ont pas encore cessé de remuer les âmes !

A l'œuvre donc, Messieurs, et sans retard ! Il y va de l'avenir de la jeunesse catholique, de l'avenir de l'Église, de l'avenir de la France !

Comme conclusion, le vœu suivant a été adopté par la Commission du Congrès :

« *Le Congrès émet le vœu que les Œuvres mili-*
« *taires paroissiales soient établies dans toutes les*
« *villes de garnison, sans aucune exception, au nom*
« *de la loi reconnaissant la liberté de conscience dans*
« *l'Armée.* »

Angers, imp. Germain et G. Grassin. — 242-91.